TE PERDONO

El perdón no solo cambia tu historia, cambia tu alma.

Norberto Cruz

Te perdono
Pr. Norberto Cruz

Primera Edición: Septiembre 2025

Todos los derechos reservados. Ninguna parte de este libro puede ser reproducida o utilizada de ninguna forma, por medios electrónicos o mecánicos, o por ningún sistema de almacenamiento digital, excepto por citas breves con propósitos de compartir puntos de vista sobre el libro, sin consentimiento escrito y expreso de los autores.

Todas las citas bíblicas, excepto las especificadas son de la Santa Biblia Reina Valera v60.

Diseño de portada: Esliedrei Pérez
Edición: Margarita Chinchillas Niebla
Diseño Interior y Maquetación: Esliedrei Pérez
©Publicado en Estados Unidos/Septiembre 2025

Pr. Norberto Cruz
ISBN: 9798269067759
2343 S Saint Pablo
Dr. Tucson, AZ 8571

Editorial Cruz

ÍNDICE

Prólogo: El comienzo del perdón. — 6

Capítulo 1: Cuando el alma se siente rota. — 12

Capítulo 2: El punto de quiebre. — 20

Capítulo 3: El versículo que lo cambió todo. — 28

Capítulo 4: Perdonarme fue el primer milagro. — 36

Capítulo 5: Infancia marcada. — 46

Capítulo 6: Sanar no es olvidar, es comprender. — 54

Capítulo 7: El perdón se convierte en libertad. — 62

Capítulo 8: El perdón como estilo de vida. — 72

Capítulo 9: Dios restaura lo que permites que Él sane. — 82

Capítulo 10: Te perdono... y me libero. — 92

Epílogo: Lo que mi corazón quiere decirte. — 100

Porque si perdonáis a los hombres sus ofensas, os perdonará también a vosotros vuestro Padre celestial; pero si no perdonáis a los hombres sus ofensas, tampoco vuestro Padre os perdonará vuestras ofensas.

MATEO 6:14-15

PRÓLOGO
El comienzo del perdón

A veces las heridas más profundas no se ven. No hay cicatrices físicas, ni señales externas. Pero por dentro, algo duele. No se ven, pero laten en el alma como un eco constante. Heridas que no sangran, pero que duelen cada vez que el recuerdo regresa, cuando el pasado susurra tu nombre y te recuerda lo que fuiste, lo que hiciste o lo que te hicieron.

Durante años, cargué en silencio culpas que no me pertenecían, decisiones que me perseguían y una voz interior que repetía sin piedad: **No mereces ser perdonado**. No vas a cambiar. Ya es demasiado tarde. Lo más doloroso no fue el juicio de los demás, sino el que yo mismo me impuse. Vivía como un hombre dividido: **en apariencia funcional, pero en el fondo, roto.**

Todo cambió el día que leí unas palabras que no solo me detuvieron, sino que me desarmaron por completo: *Porque si perdonan a otros sus ofensas, también los perdonará a ustedes su Padre celestial. Pero si no perdonan a otros sus ofensas, tampoco su Padre les perdonará a ustedes las suyas (Mateo 6:14-15).* Esas líneas no fueron solo un versículo más.

Fueron un espejo, una confrontación, una puerta para entender que no podía seguir pidiéndole a Dios que me limpiara si yo mismo retenía el peso del rencor, del juicio y de la culpa. El perdón no era solo algo que debía dar a otros; era algo que necesitaba recibir de mí mismo, y permitir que Dios lo sellara en mi corazón.

Vivimos en un mundo que nos enseña a seguir adelante aunque estemos rotos por dentro. A sonreír aunque estemos luchando con recuerdos, culpas o resentimientos que llevamos desde hace años. Sin embargo, tarde o temprano, ese dolor oculto comienza a hablar. A manifestarse en forma de ansiedad, enojo, tristeza sin explicación, relaciones rotas o una desconexión total con uno mismo y con Dios.

Durante mucho tiempo pensé que era normal vivir así. Que cargar con el pasado era parte de la vida. Que había cosas que simplemente no podían cambiarse. Me acostumbré a caminar con esa mochila invisible. A convivir con mis errores. A ignorar lo que dolía. A fingir que todo estaba bien cuando por dentro me sentía incompleto.

Este libro no es un tratado teológico ni una fórmula perfecta. Es un testimonio, es la historia de un hombre que tocó fondo, que se enfrentó a su pasado, y que descubrió que la verdadera libertad comienza cuando decides soltar. Aquí encontrarás el camino que recorrí: *desde la culpa hasta la gracia, desde el dolor hasta la compasión, desde el aislamiento hasta la restauración.*

Comparto con transparencia cómo enfrenté mis errores, cómo miré atrás sin destruirme, y cómo, con la ayuda de Dios, aprendí que el perdón no es un sentimiento, sino una decisión que transforma el alma.

Esto es para ti, si alguna vez has creído que no puedes cambiar, que no puedes más.

Es para ti, si cargas culpas y resentimientos, si el pasado te sigue hablando con amargura, o si te has fallado y no sabes cómo volver a levantarte.

Es para ti, si estás dispuesto a dejar de vivir como prisionero de tu historia y comenzar a caminar en libertad.

> *Lánzame tu palabra, Señor, y sáname;*
> *extiende tu mano, y salva mi alma.*
> *— Salmo 107:20*

No te prometo respuestas inmediatas ni un camino fácil. Pero sí te invito a un viaje real. Un viaje hacia dentro. Un viaje con Dios. Un viaje donde el perdón no solo reescribe tu historia... sino que te devuelve la libertad de vivirla en paz.

Este libro fue escrito con lágrimas, con oración y con esperanza. Mi deseo es que cada página te acompañe como una voz amiga, como un reflejo sincero, como una señal en el camino.

Porque cuando decides perdonar... todo comienza a cambiar, tu destino cambia. Y si te atreves a decir: **Me perdono....Te perdono... y me libero,** entonces este libro ya ha cumplido su propósito.

Bienvenido a este viaje. Que cada página sea un paso hacia tu sanidad.

Con cariño
Norberto Cruz

CAPÍTULO 1
Cuando el alma se siente rota

*Cercano está Jehová a los quebrantados de
corazón; y salva a los contritos de espíritu.*
— *Salmo 34:18*

Hay momentos en la vida donde el alma simplemente se cansa. No es cansancio físico, ni agotamiento mental. Es algo más profundo, más callado... como un suspiro atrapado en el pecho que no encuentra salida. Es el peso de seguir adelante cuando por dentro ya no tienes fuerzas. Un desgaste lento, casi imperceptible, que se acumula en forma de recuerdos, culpas y heridas no sanadas. Yo llegué a ese punto.

No fue de un día para otro. El alma no se rompe de golpe, se resquebraja en silencio. Se fragmenta cada vez que finges estar bien. Se agrieta cuando sonríes por fuera, pero lloras por dentro. Se rompe cuando vives con un peso que nadie ve, pero que cargas todos los días.

Sabía lo que era eso, lo sentía constantemente, era algo que no me dejaba vivir. Cumplía con lo que debía, hablaba, reía, aconsejaba incluso, sin embargo, por dentro era otro. Era un hombre dividido entre lo que mostraba y lo que sentía. Entre lo que aparentaba controlar y lo que en realidad me dominaba. Mi alma estaba rota, aunque mi apariencia dijera lo contrario.

> *Las heridas invisibles son las que más pesan, porque nadie las ve... pero tú las sientes todo el tiempo.*

Lo que más dolía no era lo que otros me habían hecho... era lo que me había hecho a mí mismo. Las decisiones impulsivas, las palabras que me lastimaron, los errores que no pude deshacer, las oportunidades desperdiciadas. Algunas heridas fueron accidentales. Otras, sabiendo exactamente lo que hacía. Y con cada una, nació una voz. Una voz cruel, constante, familiar: **No mereces perdón. Esto no se puede borrar. Dios no puede restaurarte.**

Esa voz la alimenté durante años. Me volví mi propio juez, mi propio carcelero. Me convencí de que la gracia era para otros, no para mí. Leía las promesas de Dios, oraba, aún cuando no creía que fueran para alguien como yo. Vivía atrapado en una cárcel invisible: ***la culpa***. En esa cárcel, no había consuelo, ni esperanza... solo condena.

Lo más fuerte fue darme cuenta de que no era Dios quien me condenaba. Era yo mismo quien me señalaba cada día. Era quien repetía la lista de mis errores como si eso pudiera redimirme. Como si castigarme fuera la forma de pagar por lo que hice. Aprendí —con dolor— que el castigo no sana. Solo perpetúa la herida.

Mientras más me castigaba, más lejos estaba de la libertad que tanto anhelaba, no hay sanidad en la vergüenza. Hay sanidad en la rendición. No sabía cómo rendirme, hasta que un día, no pude más.

Ese vacío que sentía en el pecho... esa opresión que no me dejaba respirar... no era el final. Era el espacio perfecto para un nuevo comienzo. Porque el lugar donde te derrumbas, puede ser el mismo donde Dios comienza a levantarte.

> *A veces el alma no grita, solo susurra...Y aún así, el dolor es ensordecedor.*

> *Acérquense a Dios, y él se acercará a ustedes.*
> *— Santiago 4:8a*

Dios no se acerca a los que aparentan tener todo bajo control. Dios se acerca a los que ya no tienen fuerza para fingir. A los que dicen con sinceridad: **Estoy roto. Ya no puedo más.** Ahí, es donde su gracia se derrama, no para juzgar, sino para sanar.

No fue una revelación gloriosa. No fue una visión celestial. Fue un susurro ahogado de dolor... y una oración que apenas logré articular: **Dios... no sé cómo seguir.** Y en ese susurro, Dios comenzó a actuar.

REFLEXIONA:

No estás solo en tu quebranto. Aunque parezca que tu dolor es único, la verdad es que muchos caminan con el alma rota, ocultando sus heridas detrás de una sonrisa, derrumbándose en silencio por dentro. Fingir fortaleza puede engañar a otros, pero nunca trae verdadera paz al corazón.

El primer paso hacia la sanidad y la libertad no es resistir más, sino reconocer con humildad: No puedo solo. Y ese reconocimiento no es señal de debilidad, es la llave que abre la puerta a la restauración. Porque allí, en el límite de tus fuerzas, comienza a manifestarse la fuerza de Dios.

> *Venid a mí todos los que estáis trabajados y cargados, y yo os haré descansar.*
> *— Mateo 11:28*

El dolor no tratado no desaparece, se transforma en cadenas invisibles que atan la mente, el alma y hasta el cuerpo. Nadie puede correr hacia su destino si vive aprisionado por dentro. El perdón, entonces, no es solo una opción, es la única manera de soltar esas cadenas.

Y aunque la herida te haga sentir quebrantado, recuerda que Dios se acerca precisamente a los de corazón roto. Tu fragilidad no lo espanta; al contrario, es el lugar perfecto donde Su gracia quiere empezar a obrar.

El dolor no tratado se transforma en cadenas, nadie puede correr libre si vive atado por dentro.

MEDITA:

1. ¿En qué áreas de tu vida sientes que el alma ya no puede más?

2. ¿Qué heridas sigues ocultando bajo la rutina o la apariencia de normalidad?

3. ¿Has sentido que estás atrapado entre lo que fuiste y lo que deseas ser?

4. ¿Le has permitido a Dios entrar a ese lugar donde duele más?

5. ¿Qué mentiras has creído sobre ti que han debilitado tu identidad?

ESCRIBE:

A mi alma rota:

Te he ignorado por mucho tiempo.

Fingí que estabas bien solo porque no llorabas, solo porque el mundo seguía girando.

Hoy reconozco tu cansancio, tus heridas, tus vacíos.

Perdóname por exigirte más de lo que podías dar. Por callarte cuando necesitabas hablar.

Por culparte cuando solo necesitabas consuelo.

Hoy decido escucharte. Decido abrazarte. Y, sobre todo, decido entregarte a Dios. Porque no tengo el poder de reparar... pero sé quién sí puede.

No volveré a esconderte ni a avergonzarme de ti.

Hoy te perdono por no poder más.

Y confío en que, paso a paso, serás restaurada.

— Con compasión, Yo

DECIDE:

_____
_____
_____
_____
_____
_____
_____
_____
_____
_____
_____
_____
_____
_____
_____
_____
_____
_____
_____
_____

ORACIÓN:

Señor, estoy cansado de fingir que todo está bien cuando mi alma grita por dentro. Ya no quiero seguir huyendo de lo que me duele. Hoy te entrego mis heridas, mi cansancio, mi silencio. Haz en mí lo que yo no he podido. Que tu presencia llene los vacíos que me han roto y restaure mi corazón desde adentro. Amén.

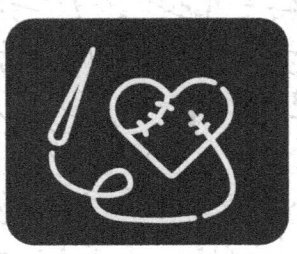

CAPÍTULO 2
El punto de quiebre

*El Señor está conmigo; no temeré lo que me
pueda hacer el hombre.*
— Salmo 118:6

Todos tenemos un momento en el que la vida nos pone frente a un espejo tan nítido que no hay forma de evitar la verdad. No llegan con sirenas ni con carteles que dicen: ***"Aquí comienza el cambio"***. Llegan en silencio, como un crujido en el alma, como un paso en falso que desata una avalancha. Todos tenemos uno.

Un punto en el que la máscara se resquebraja, y lo que queda no es el rostro que mostramos al mundo, sino el rostro que hemos escondido incluso de nosotros mismos.

> Hasta que un día, sin previo aviso, esa montaña se vino abajo.

Para algunos, llega como una pérdida irreparable. Para otros, como una traición que corta el alma o una crisis que desordena todo. Para mí, fue una acumulación silenciosa… una montaña invisible formada por emociones reprimidas, decisiones equivocadas y dolores que escondí durante años bajo el manto de la rutina, del trabajo y de sonrisas forzadas. Creía que si seguía moviéndome, si mantenía el ritmo, todo estaría bien. Pero el alma no olvida. Y lo que no se sana, se acumula.

> *El punto de quiebre no es tu derrota, es el inicio del milagro que no podías producir por ti mismo.*

No hubo un evento dramático. Nadie murió, no hubo un escándalo que se pudiera contar. Lo que sucedió fue mucho más profundo: **me encontré cara a cara conmigo mismo**. No con la versión que mostré al mundo, sino con el hombre que vivía dentro, herido, cansado y desgastado por una culpa que ya no podía sostener.

Fue como si todos los fantasmas del pasado hubieran acordado visitarme al mismo tiempo: la culpa por errores que nunca reparé, recuerdos que nunca procesé, resentimientos que alimenté en silencio y lágrimas que me prohibí derramar. Todo vino como una tormenta, y no dejó nada en pie.

Recuerdo ese día como si estuviera escrito en mi piel. Estaba solo, sentado en un rincón de mi casa, incapaz de seguir actuando. Y me vi… no en el espejo del baño, sino en el espejo del alma, ese que no tiene piedad ni filtros. En ese reflejo no había excusas, solo verdad. Y entonces, con un hilo de voz, dije: **No estoy bien. No he sanado. No me perdono.**

Fue un susurro, pero sonó en mi interior como un trueno. Ese fue mi punto de quiebre. No el final, pero sí el límite. Allí comprendí que solo había dos caminos: seguir escondiéndome detrás de una fachada mientras me consumía por dentro, o atreverme a iniciar un proceso real de sanidad, aunque doliera.

No lo elegí por valentía, sino por supervivencia. Ya no podía seguir así. No sabía cómo comenzar, pero sí sabía que algo tenía que cambiar. Y fue en esa vulnerabilidad, en esa rendición absoluta, donde Dios me encontró. Porque cuando tocas fondo, ya no puedes bajar más... solo queda mirar hacia arriba.

> *Cuando se derrumba la fuerza humana, se abre la puerta a la gracia divina.*

Sin grandes discursos ni oraciones elaboradas, lo único que logré decir fue: **Ayúdame, Dios... no puedo más.**

> *Crea en mí, oh Dios, un corazón limpio, y renueva un espíritu recto dentro de mí.*
> *— Salmo 51:10*

Ese suspiro bastó. Porque Él no espera que lleguemos con respuestas, sino con honestidad. Y en ese instante supe que no estaba solo. La sanidad había comenzado.

Mi gracia es suficiente para ti, porque mi poder se perfecciona en la debilidad.
— *2 Corintios 12:9*

REFLEXIONA:

El punto de quiebre no es el final, aunque todo dentro de ti grite que sí lo es. Es el momento en que las falsas seguridades se desploman y la mentira de que "puedes con tus fuerzas" queda desenmascarada. Allí, en medio de tu vulnerabilidad, descubres una verdad eterna: **Dios nunca te pidió que lo hicieras solo.**

Ese lugar que parece ruina es, en realidad, el taller de Dios. Es donde tu orgullo se rinde, donde tu autosuficiencia muere, y donde tu alma aprende —quizá por primera vez— a depender de Él.

Bástate mi gracia; porque mi poder se perfecciona en la debilidad.
— *2 Corintios 12:9*

Lo que el mundo llama derrota, Dios lo llama oportunidad. Lo que tú ves como quiebre, Él lo ve como comienzo. Cuando ya no tienes fuerzas para sostener tu propia vida, descubres que Su brazo nunca se cansa.

El punto de quiebre es el umbral donde decides si seguirás arrastrando cadenas o si, por fin, extenderás tus manos para recibir la libertad que Cristo te ofrece. Así que no temas si sientes que todo se derrumba. Tal vez es Dios quitando lo que no podía sostenerte, para construir sobre un cimiento firme.

Lo que parece ruina, es en realidad el terreno listo para la reconstrucción de tu vida en las manos del Creador.

MEDITA:

1. ¿Recuerdas un momento en tu vida donde ya no pudiste seguir fingiendo?
2. ¿Qué sentimientos y pensamientos has guardado bajo la "máscara" que muestras a otros?
3. Si hoy te miraras al espejo de tu alma, ¿qué verdad tendrías que admitir?
4. ¿Qué crees que pasaría si le dijeras a Dios sin reservas: "Ayúdame, no puedo más"?
5. ¿Estás dispuesto a soltar el control y permitir que Él sea tu fortaleza?

ESCRIBE:

A mi alma en su punto más frágil:

No fue debilidad reconocer que no podías más; fue tu primer acto de valentía. En ese instante no te rendiste a la derrota, te rendiste a la verdad. Y esa rendición abrió la puerta a la gracia que tanto necesitabas.

No me avergüenzo de tus caídas, porque en ellas aprendiste a mirar hacia arriba. Descubriste que la vida no se sostiene con máscaras ni con fuerza propia, sino con las manos de Aquel que nunca te dejó.

Hoy quiero recordarte que no estás solo. Dios te encontró en la oscuridad más densa y, en lugar de juzgarte, decidió quedarse. Allí, en el silencio de tu quebranto, Su voz se volvió más fuerte que tu culpa y Su amor más grande que tu dolor.

No temas recordar ese lugar, porque fue allí donde comenzó tu libertad. Ese punto de quiebre no fue tu final, fue el terreno donde Dios empezó a reconstruirte con amor y verdad.

— *Con compasión, Mi yo restaurado.*

DECIDE:

ORACIÓN:

Padre, aquí estoy, en mi límite, sin fuerzas para fingir. Reconozco que no puedo seguir sosteniendo lo que me ha roto. Hoy dejo de luchar contra Ti y me rindo a Tu amor. Crea en mí un corazón limpio, restaura mis fuerzas y enséñame a depender de Tu gracia cada día. En mis debilidades, que se vea Tu poder. Amén.

CAPÍTULO 3
El versículo que lo cambió todo

> *Lámpara es a mis pies tu palabra, y*
> *lumbrera a mi camino.*
> *— Salmo 119:105*

Hay frases que solo se leen con los ojos, pero hay otras que se leen con el alma. A veces, un solo versículo tiene el poder de romper años de silencio interno. Eso me pasó el día en que volví a encontrarme con la Palabra de Dios.

No estaba buscando por costumbre, ni por religión, sino por necesidad. Mi corazón estaba cansado y mi alma tenía sed. No sed de agua, sino de alivio, de sentido, de paz.

> *A veces no eres tú quien lee la Palabra... es la Palabra la que te lee a ti.*

Abrí la Biblia sin saber exactamente qué leer... y me encontré con un pasaje que parecía estar esperándome desde siempre:

> *Porque si perdonan a otros sus ofensas, también los perdonará a ustedes su Padre*

> *celestial. Pero si no perdonan a otros sus ofensas, tampoco su Padre les perdonará a ustedes las suyas.*
> — *Mateo 6:14-15*

Lo leí una, dos, tres veces. No podía avanzar. Era como si esas palabras me hubieran detenido en seco. Esta vez no era yo leyendo el texto... era el texto leyéndome a mí. Sentí que Dios me hablaba directamente al corazón.

Las lágrimas que vienen del corazón no son derrota, son limpieza.

Ese versículo fue un espejo. Y los espejos no mienten. Me mostró lo que yo quería ocultar: que no solo necesitaba ser perdonado, sino que también debía perdonarme a mí mismo. Que no podía pedirle a Dios que limpiara mi vida si yo seguía reteniendo la culpa, la amargura y los recuerdos que me ataban al pasado.

> *Venid a mí todos los que estáis trabajados y cargados, y yo os haré descansar.*
> — *Mateo 11:28*

Me dolía haber fallado. Me dolía lo que otros me hicieron. Pero más me dolía no saber cómo soltarlo. Y ahora, en esas palabras, Dios me mostraba el camino: **el perdón**.

Ese día, mis oraciones cambiaron. Ya no eran discursos largos ni fórmulas aprendidas. Eran frases sencillas, pero llenas de verdad:

- Señor... perdóname por no perdonarme.

- Ayúdame a verme con tus ojos.

- Enséñame a soltar lo que no sé cómo soltar.

Lloré. No eran lágrimas de derrota, sino de limpieza. Lágrimas que no destruyen, sino que liberan. Lágrimas que lavan heridas viejas para que empezara la verdadera sanidad.

> *El que encubre sus pecados no prosperará;*
> *mas el que los confiesa y se aparta*
> *alcanzará misericordia.*
> *— Proverbios 28:13*

Ese día comprendí que el perdón no era solo un mandato, sino una promesa. Si perdonas, serás perdonado. Si sueltas, serás libre.

> *No puedes recibir la gracia de Dios si sigues abrazando la culpa de los errores del pasado.*

Fue el inicio de un camino distinto. No fue fácil, pero ya no estaba solo. La voz de Dios había despertado algo en mí, y ya no había forma de volver atrás.

> *De modo que si alguno está en Cristo,*
> *nueva criatura es; las cosas viejas pasaron;*
> *he aquí todas son hechas nuevas.*
> *— 2 Corintios 5:17*

REFLEXIONA:

Cuando Dios habla, no siempre lo hace con un trueno que sacude los cielos. Muchas veces su voz llega envuelta en lo sencillo: en un versículo, en una palabra cotidiana, en un susurro que atraviesa el alma con más fuerza que cualquier estruendo. Así fue mi encuentro con Mateo 6:14-15: un recordatorio claro, directo y sin adornos, de que el perdón no es un consejo opcional, sino el único puente hacia la verdadera libertad.

Ese pasaje me reveló una verdad que había ignorado: no existe sanidad sin enfrentar la verdad, ni libertad sin rendirse primero. El perdón dejó de ser una teoría distante y se convirtió en la llave que abría la puerta que yo mismo había mantenido cerrada durante años.

Todo comenzó con una decisión aparentemente pequeña, pero eternamente significativa: atreverme a creerle más a la voz de Dios que a la voz de mi culpa. Fue en ese instante cuando comprendí que la obediencia, aun en lo más sencillo, tiene el poder de desencadenar procesos eternos de sanidad y restauración.

Ese día entendí que el perdón no era un concepto... era una invitación de Dios a vivir libre, y aceptarla fue el comienzo de mi verdadera sanidad.

MEDITA:

1. ¿Qué versículo de la Biblia ha marcado un antes y un después en tu vida?

2. ¿Qué peso sigues cargando que Dios ya te ha pedido que sueltes?

3. ¿De qué manera has evitado el perdón —ya sea hacia otros o hacia ti mismo— por miedo a revivir el dolor?

4. ¿Qué crees que pasaría si hoy le pidieras a Dios: "Muéstrame cómo se perdona"?

5. ¿Estás dispuesto a permitir que su Palabra te confronte y, al mismo tiempo, te sane?

ESCRIBE:

A la Palabra que me transformó:

Ese día comprendí que no fui yo quien te buscó, sino que fuiste Tú quien vino a mi encuentro. Creí que estaba leyendo tus letras, pero en realidad fueron tus letras las que me leyeron, revelando lo que había guardado en lo más profundo de mi corazón.

Gracias por confrontarme sin destruirme, por mostrarme la verdad sin condena, por abrir mis ojos a lo que me negaba a reconocer. Me enseñaste que el perdón no es un ideal inalcanzable reservado para unos pocos, sino un regalo que estaba delante de mí todo el tiempo, esperando ser recibido.

Hoy abrazo tu verdad, aunque duela, porque descubrí que tu corrección es más dulce que el silencio de mi culpa. Prefiero el filo de tu voz que corta cadenas, antes que la aparente calma de un corazón endurecido.

Tú me mostraste que en cada palabra no había castigo, sino libertad; no había rechazo, sino gracia. Desde entonces sé que tu voz no hiere para destruir, sino que hiere para sanar.

Gracias, Palabra viva, porque me encontraste roto y me enseñaste que el perdón no era el final de mi historia, sino el comienzo de mi libertad.

DECIDE:

ORACIÓN:

Señor, gracias por hablarme a través de tu Palabra. Gracias porque no me dejaste seguir ocultando mis heridas, sino que me mostraste el camino hacia la libertad. Enséñame a perdonar, a soltar, a verme con tus ojos de gracia. Que cada vez que abra tu Palabra, encuentre no solo letras, sino vida. Haz de mí una nueva criatura, limpia mi corazón y lléname con tu paz. Amén.

CAPÍTULO 4

Perdonarme fue el primer milagro

> *Ahora, pues, ninguna condenación hay para los que están en Cristo Jesús, los que no andan conforme a la carne, sino conforme al Espíritu.*
> *— Romanos 8:1*

Conocía mis errores. No como recuerdos lejanos, sino como archivos vivos, guardados en el corazón con una precisión cruel. Tenía claro, uno por uno, los momentos en que fallé. Las palabras que lancé como dagas cuando estaba herido, las decisiones tomadas por miedo u orgullo. Las oportunidades que dejé escapar por no creer en mí, las personas que lastimé sin querer... y aquellas a las que dañé sabiendo exactamente lo que hacía.

Durante años, me convertí en mi propio juez. Cada mañana, antes de abrir los ojos, ya estaba en el banquillo de los acusados. Revisaba el expediente. Repasaba las pruebas. Dictaba la sentencia: **No eres suficiente.** No mereces la paz. No puedes olvidar.

Creía que castigarme era justicia. Que el dolor era penitencia. Que si recordaba todo lo malo, de alguna forma, podría equilibrar la balanza. Pero no era redención. Era abrir la herida todos los días, como si al sangrar otra vez, pudiera purificar el pasado.

Hasta que un día, en medio del silencio, escuché una verdad que me sacudió: Dios ya me había perdonado. Él no estaba contando mis errores. No los había archivado. Los había borrado. Pude reconocer que perdonar a otros puede ser difícil... Pero perdonarse a uno mismo... Eso, a veces, es lo más duro de todo.

> Perdonarte a ti mismo es abrir la puerta a la libertad que Dios ya había preparado para ti

Aprendí algo que cambió mi historia: **Dios ya me había perdonado... era yo quien seguía condenándome**.

Yo, yo soy el que borro tus rebeliones por amor de mí mismo, y no me acordaré de tus pecados.
— Isaías 43:25

El perdón de Dios no es parcial ni depende de nuestro castigo; se sostiene en su amor incondicional. Si Él había declarado mi libertad, ¿quién era yo para seguir encadenándome con recuerdos y reproches? Ese reconocimiento fue mi primer milagro: aceptar que la gracia de Dios también me alcanzaba.

Desde entonces aprendí a responder a esa gracia con ternura para conmigo mismo —no como excusa para repetir errores, sino como tierra fértil donde crecer en honestidad, arrepentimiento y cambio.

Perdonarme no anuló la responsabilidad, sino que me dio espacio para sanar, para reparar cuando fuera necesario, y para caminar ligero hacia la coherencia entre lo que creo y lo que soy. Hoy sé que la verdadera justicia que sana no es la que castiga hasta quebrar, sino la que restaura desde el amor.

No fue de un día para otro. Me tomó tiempo. Fue un proceso de reconocer, llorar, liberar y aceptar.

Empecé hablándome diferente. Dejé de repetirme frases como: "qué tonto fuiste" o "otra vez lo arruinaste", y comencé a decirme: "Dios no ha terminado contigo", "todavía hay esperanza".

Me atreví a mirar atrás... pero ya no para revivir el dolor, sino para entenderlo. Y, por primera vez, no me juzgué. Me abracé. Abracé mi historia rota, mis

No se trata de borrar el pasado, sino de entregarlo y permitir que su gracia transforme tus heridas en esperanza.

fracasos, mis vacíos. Fue como encontrarme con esa versión mía que tanto necesitaba ser amada. Le dije: **Te perdono**.

Con esas dos palabras, algo se rompió dentro...esta vez en el mejor sentido, se rompió aquello que provocaba dolor, todo lo que por años había atesorado como algo muy preciado, que en realidad solo lastimaba y forjaba

> *Cada cicatriz que aceptas con amor se convierte en un peldaño hacia tu sanidad y tu paz interior.*

en mí algo contrario a lo que Dios había destinado para mi.

Se rompieron las cadenas. Se cayó el peso. Se apagó la voz que decía: "no vales nada", y se encendió otra más fuerte que retumbaba en mi ser: **Eres hijo. Eres amado. Eres libre.**

> *De modo que si alguno está en Cristo, nueva criatura es; las cosas viejas pasaron; he aquí todas son hechas nuevas.*
> *— 2 Corintios 5:17*

Ese día comprendí que perdonarme fue el primer milagro. Porque **me devolvió la dignidad, el valor y la oportunidad de comenzar otra vez, sin estar atado a lo que fui.**

Dios no busca gente perfecta, busca corazones dispuestos. Y yo, por fin, estaba dispuesto. Dispuesto a soltar, a llorar, a sanar y, sobre todo, a creer que yo también merecía gracia.

El niño que fuiste merece tu abrazo; el adulto que eres merece tu perdón.

REFLEXIONA:

El perdón hacia uno mismo no es un acto de autojustificación. No se trata de negar el pasado, ni de decir que no importa lo que hiciste. Se trata, simplemente, de dejar de vivir en el pasado, sintiéndote condenado. Porque mientras tú sigues juzgándote por lo que fuiste, Dios ya te está llamando por lo que eres en Cristo: *Una nueva criatura, un hijo perdonado y amado.*

Él no te mira con los ojos del pasado, sino con ojos de redención. No revisa tu expediente como un juez, sino que te abraza como un Padre que nunca te abandonó, aunque tú te hayas sentido abandonado.

La culpa te ata al error. La gracia te libera para la vida. Aquí está la paradoja: mientras más te aferras a la culpa, más lejos estás de la gracia y la redención. Porque la relación con el Padre no nace del castigo, sino de la aceptación. No viene de recordar lo malo, sino de creer en lo bueno que Dios ya hizo en ti.

La verdadera libertad no comienza cuando olvidas el pasado, sino cuando deja de permitirte que defina tu presente. Y eso solo es posible cuando aceptas una verdad que desarma al corazón: *la gracia de Dios es más grande que tu culpa.*

Más profundo que tu arrepentimiento. Más fuerte que tu memoria. Más fiel que tu fracaso. Perdonarte no es un privilegio que ganas. Es un regalo que recibes.

Mientras lo rechaces, seguirás viviendo como un prisionero en una celda que ya tiene la puerta abierta.

Así que hoy, respira hondo y escucha: Tú no eres tu peor momento. Eres la misericordia de Dios hecha carne en tu historia. Y si Él te ha perdonado... Perdónate y suelta el pasado.

No necesitas ser perfecto para ser perdonado. Solo necesitas ser honesto.

MEDITA:

1. ¿Qué errores sigues recordándote constantemente como si fueran cadenas?

2. ¿De qué cosas ya te perdonó Dios, que aún tú no te has perdonado?

3. ¿Qué frases negativas necesitas reemplazar por la verdad de la Palabra?

4. ¿Puedes mirarte hoy con la misma compasión con la que Dios te mira?

5. ¿Qué sentirías si te atrevieras a decirte frente al espejo: "Te perdono"?

ESCRIBE:

A mi yo del pasado:

Te vi caer tantas veces... y en vez de levantarte, te condené. Te juzgué con dureza. Te llamé débil cuando solo estabas cansado. Te llamé fracasado. Te consideré indigno, cuando lo único que necesitabas era amor. Mientras tú luchabas por respirar bajo el peso de tus errores, te cargaba con más culpa, como si el castigo pudiera sanarte.

Hoy, con el corazón más humilde, vengo a pedirte perdón. Perdón por ser tu crítico más cruel, cuando tú solo necesitabas un aliado. Perdón por olvidar que eras yo. Perdón por no ver que cada caída tuya fue un grito disfrazado de silencio, una súplica por gracia que yo mismo me negaba.

Ahora entiendo: Dios ya te había perdonado.

— Él nunca te condenó.

—Te miró en medio del barro y no dijo: ¿Cómo pudiste? Dijo: Yo estoy contigo. Y mientras Él extendía misericordia, yo seguía levantando muros de culpa.

Elijo abrazarte. No a pesar de tus errores, sino porque los viviste. Porque en ellos aprendiste. Porque en ellos, sin saberlo, estabas siendo formado. Te miro con compasión, no con juicio. Y desde lo más profundo de mi ser, te digo: te perdono.

Por las decisiones que te avergüenzan, por las palabras que desearías borrar, por las noches en las que lloraste en silencio, por los días en los que creíste que no merecías seguir. Te perdono. No porque todo haya estado bien, sino porque nada de eso te hizo indigno del amor.

Porque Dios ya te perdonó primero. Y su gracia no solo me alcanza a mí... me alcanza a través de ti . Porque eres parte de mi historia, y en tu fragilidad, descubres la fidelidad de Él.

Gracias por no rendirte. Gracias por seguir, aunque no creías poder. *Hoy no te niego. Te reconozco. Te abrazo. Y te libero.* Con amor, tu yo del presente, que por fin te ve con los ojos de la gracia.

DECIDE:

_____

ORACIÓN:

Padre, gracias porque tu perdón no tiene condiciones, ni límites, ni caducidad. Gracias porque en Cristo no hay condenación. Hoy me levanto creyendo que tu gracia me alcanza y que tu amor me restaura. Ayúdame a verme con tus ojos, a soltar la culpa, a caminar en libertad y a vivir como lo que soy: tu hijo amado. Amén.

CAPÍTULO 5
INFANCIA MARCADA

> *Aunque mi padre y mi madre me dejaran,*
> *con todo, Jehová me recogerá.*
> *— Salmo 27:10*

Nadie elige dónde nace. Nadie elige el hogar, las voces ni las manos que lo reciben en sus primeros años. Simplemente... te toca. Y con lo que te toca, aprendes a vivir, aunque muchas veces ese aprendizaje duela.

Mi infancia no fue perfecta. Hubo momentos buenos, sí, pero también dejó marcas. Marcas invisibles, pero profundas. Marcas hechas de palabras duras, de miradas frías, de ausencias prolongadas y de gritos que nunca debieron existir. Los años pasaron, pero muchas de esas heridas siguieron abiertas en mi interior, como ecos que no se apagaban.

Con el tiempo descubrí una verdad: el pasado explica, pero no define. Puede explicar cómo creciste, por

> *Tu pasado explica quién fuiste, pero no determina quién eres en Cristo.*

qué temías, por qué reaccionabas de cierta manera. Pero en Cristo, no determina quién eres ni quién puedes llegar a ser.

Durante mucho tiempo pensé que ya había superado todo. Pero el dolor no sanado no desaparece, se esconde. Y tarde o temprano se manifiesta: en el carácter, en la manera de reaccionar, en los miedos y en las inseguridades.

> *Perdonarse es soltar la voz del juez interior, para escuchar la voz del Padre que dice: mi hijo amado.*

Yo crecí con la sensación de que tenía que demostrar mi valor. Sentía que debía ganarme el cariño de mi familia, portarme perfecto, no fallar jamás... porque si lo hacía, perdería el amor. Y ese molde marcó mi vida.

> *El amor sea sin fingimiento. Aborrezcan lo malo, sigan lo bueno.*
> *— Romanos 12:9*

Con los años entendí algo crucial: muchos de los que nos crían no saben hacerlo de otra forma. No eran malas personas; eran personas heridas también. Dieron lo que pudieron con lo que tenían... pero a veces lo que dieron no fue lo que necesitábamos.

Comprender esto no borró el dolor, pero me ayudó a mirarlo desde otra perspectiva. Me enseñó que perdonar no es justificar, sino liberarse. Tuve que enfrentar lo que quería olvidar.

Admitir que me dolió, que me marcó, que me moldeó de maneras que no entendía. Y después de reconocerlo, tuve que perdonar.

- Perdonar a los que me lastimaron, aunque nunca pidieran perdón.

- Perdonar a los que no supieron amarme bien.

- Perdonar no para justificar, sino para soltar el peso del rencor.

> *Antes sed benignos unos con otros, misericordiosos, perdonándoos unos a otros, como Dios también os perdonó a vosotros en Cristo.*
> *— Efesios 4:32*

Pero el paso más difícil fue otro: perdonar al niño que fui. Ese niño que se sintió invisible, inseguro y no suficiente. Aprendí a mirarlo con ternura y no con enojo. A abrazarlo y decirle: "No fue tu culpa. Tú merecías amor, y lo sigues mereciendo".

> *Perdonarte no es debilidad, es valentía: es elegir sanar en lugar de seguir sangrando.*

Sé que no puedo cambiar mi infancia, pero sí puedo decidir qué hago con ella. **Decidí sanar.** Y sanar, para mí, significó dejar de ser esclavo del pasado y comenzar a caminar ligero hacia el futuro que Dios diseñó para mí.

REFLEXIONA:

Todos llevamos cicatrices, huellas del pasado que a veces nos recuerdan que fuimos heridos, olvidados o incomprendidos. Algunas son visibles; otras, apenas perceptibles, escondidas en los rincones del alma. Pero estas cicatrices no tienen que definirnos ni encadenarnos.

Perdonar no significa negar lo que dolió, ni justificar lo que ocurrió. Perdonar es entregar al Padre nuestras heridas y permitir que su amor transforme el dolor en enseñanza, la culpa en libertad y los recuerdos en esperanza.

Cuando miras al niño que fuiste, no lo juzgas; lo abrazas. Lo reconoces. Le hablas con ternura, le das voz y espacio. Y en ese acto, reconciliar al niño con el adulto que eres hoy: ***el que ha aprendido, que ha sobrevivido, que todavía sueña.***

Dejas que Dios intervenga, que restaure lo que parecía perdido, que llene los vacíos y convierta tus cicatrices en semillas de crecimiento. Perdonarte a ti mismo es un acto de fe profundo: es creer que la gracia de Dios es más grande que tu dolor, más fuerte que tu culpa y más sabia que tu pasado.

En ese momento, descubres la libertad: no una libertad teórica, sino una libertad que fluye en tu corazón y te permite vivir sin cargas, abrazando tu historia tal como es, y caminando hacia lo que aún puede ser.

Sanar es mirar atrás sin odio, mirar al presente con gratitud y mirar al futuro con esperanza.

MEDITA:

1. ¿Qué experiencias de tu infancia aún influyen en la forma en que ves la vida y a los demás?

2. ¿Has identificado palabras o actitudes que marcaron tu autoestima?

3. ¿A quién necesitas perdonar de esa etapa, aunque nunca pida perdón?

4. ¿Has podido mirar a tu niñez con compasión en lugar de con enojo?

5. ¿Qué le dirías hoy al niño que fuiste?

ESCRIBE:

A mi niño interior:

Perdóname si alguna vez sentí que no eras suficiente. Perdóname si, en lugar de abrazarte, te empujé a ser fuerte cuando lo que más necesitabas era ser sostenido.

Hoy quiero mirarte con ternura, escucharte sin prisa, y recordarte que no necesitas demostrar nada, ni esconderte tras máscaras. Aquí, tal como eres, con todo lo que has vivido, **eres bienvenido. Eres amado.**

No eres prisionero de tus heridas, ni de mis expectativas. Hoy he decidido soltarte —no para alejarte, sino para entregarte— a las manos del Padre, que nunca te suelta, que siempre te sana, y te ama con una ternura más grande que todo tu pasado.

DECIDE:

ORACIÓN:

Padre amado, Tú conoces cada herida de mi infancia. Conoces las palabras que marcaron mi corazón, los silencios que dolieron, las ausencias que pesaron. Hoy te entrego esas memorias y te pido que las transformes en testimonios de tu gracia. Enséñame a perdonar, a mirar atrás con compasión y a abrazar mi historia sin rencor. Hazme libre de lo que me formó en dolor, y cúbreme con tu amor sanador. Amén.

CAPÍTULO 6
Sanar no es olvidar, es comprender

> *Sobre toda cosa guardada, guarda tu corazón; porque de él mana la vida.*
> *— Proverbios 4:23*

Durante mucho tiempo pensé que sanar era olvidar. Creía que, si ya no dolía, entonces significaba que había sanado. Pero descubrí una verdad más profunda: **sanar no es borrar lo vivido, es comprenderlo sin permitir que siga destruyéndote.**

Sanar es recordar sin que duela. Es mirar atrás sin quedarte atrapado. Es aceptar lo que pasó... y caminar más ligero hacia adelante.

> *Sanar no borra la herida, pero le cambia el sentido: deja de ser prisión para convertirse en testimonio.*

Para llegar ahí, tuve que cambiar mi mirada sobre quienes me hirieron. Al principio, los veía solo como culpables de mi dolor. Pero Dios, con el tiempo, me enseñó a ver su humanidad, sus heridas, sus carencias.

> *Y sed misericordiosos, como también vuestro Padre es misericordioso.*
> *— Lucas 6:36*

Comprendí que nadie puede dar aquello que nunca recibió. Quienes no supieron amarme, tal vez nunca aprendieron lo que era el amor.

Quienes me exigían perfección, quizá vivieron cargando expectativas imposibles. Quienes me gritaron, probablemente crecieron rodeados de gritos.

> *La gracia de Dios convierte cicatrices en señales de restauración, no de derrota.*

Nada de esto justifica lo que hicieron, pero me permitió mirarlo con otros ojos. ***Esa comprensión no borró el dolor, pero sí abrió la puerta a la libertad.*** Descubrí algo poderoso: lo que interpreté como rechazo o incluso como odio, muchas veces no era más que ignorancia emocional.

Sí, me dolió. Sí, me marcó. Pero al entenderlo, pude soltarlo. ***Y al soltarlo, comencé a sanar.***

> *No se dejen vencer por el mal; al contrario, venzan el mal con el bien.*
> *— Romanos 12:21*

Perdonar no fue decir: "no pasó nada". Fue decir: ***"ya no quiero seguir siendo esclavo de lo que pasó"***.

El perdón me devolvió el poder. Dejé de ser víctima y me hice libre. Perdonar fue soltar la expectativa de que el otro cambiara, pidiera perdón o reconociera lo

El resentimiento te ata al pasado; el perdón te abre camino hacia la libertad.

que hizo. Perdonar fue decidir que ya no iba a cargar con lo que no me pertenece.

— *Perdoné a los que no estuvieron.*

— *Perdoné a los que estuvieron, pero no supieron amar.*

— *Perdoné incluso a los que nunca me pidieron perdón.*

> *Soportándoos unos a otros, y perdonándoos unos a otros si alguno tuviere queja contra otro; de la manera que Cristo os perdonó, así también hacedlo vosotros.*
> *— Colosenses 3:13*

El perdón no fue un premio que el otro merecía, fue un regalo que yo necesitaba. Porque entendí que el perdón no se da por justicia... se da por sanidad.

Hoy puedo decir: **no lo olvidé todo, pero dejé de sangrar por lo mismo.**

REFLEXIONA:

Sanar no significa borrar la historia, porque *lo vivido forma parte de quién eres.* Pero sí transforma la manera en que la llevas contigo: deja de ser una carga que aplasta para convertirse en un testimonio que impulsa.

Comprender a quienes te hirieron no borra el pasado ni justifica sus acciones, pero sí abre un espacio de compasión en tu interior. Dejas de mirar solo la herida y comienzas a ver la fragilidad humana detrás de cada acto. Y ese cambio, aunque no altera lo que sucedió, transforma lo que sucede dentro de ti.

El perdón no excusa, libera. No se trata de olvidar lo ocurrido, sino de decidir que ya no tendrá poder sobre tu presente. Cuando eliges soltar el resentimiento, rompes las cadenas invisibles que te mantenían atado a aquel dolor.

> *La verdadera libertad no llega cuando el pasado cambia, sino cuando dejas de permitirle gobernar tu presente.*

La verdadera sanidad no es ausencia de recuerdos, sino presencia de paz. Una paz que no nace del esfuerzo humano, sino de la gracia de Dios, que toma lo roto y lo convierte en algo nuevo. Solo en sus manos las cicatrices dejan de ser símbolos de dolor para convertirse en marcas de restauración.

MEDITA:

1. ¿Has confundido sanar con olvidar en tu vida?

2. ¿Qué situaciones o recuerdos aún duelen porque no has permitido comprenderlos?

3. ¿Puedes identificar la humanidad y las heridas de quienes te lastimaron?

4. ¿Qué ganarías si dejaras de esperar que otros pidan perdón para liberarte?

5. ¿Estás dispuesto a dejar de ser víctima para vivir como libre en Cristo?

ESCRIBE:

A quienes me hirieron:

Durante mucho tiempo los miré únicamente como la causa de mi dolor. Hoy decido verlos con otros ojos. Entiendo que también llevaban heridas, vacíos y cadenas que quizá nunca supieron manejar.

No justifico lo que hicieron, pero tampoco quiero seguir viviendo atado a ello. Elijo perdonarlos, no porque lo merezcan, sino porque yo necesito ser libre. El perdón no cambia el pasado, pero sí cambia mi presente.

Hoy suelto el rencor y abrazo la paz que Cristo me ofrece. Al hacerlo, dejó que Dios transforme lo que fue fracturado y lo que fue oscuridad en testimonio de luz.

DECIDE:

ORACIÓN:

Señor, gracias porque tu amor me enseña a mirar con compasión. Ayúdame a comprender a quienes me lastimaron sin justificar el daño, pero también sin quedarme atrapado en él. Enséñame a soltar, a perdonar y a vivir en libertad. Que mi corazón ya no sea prisionero del rencor, sino un espacio lleno de tu gracia y tu paz. Amén.

CAPÍTULO 7
El perdón se convierte en libertad

> *Conocerán la verdad, y la verdad los hará libres.*
> *—Juan 8:32*

No hay nada más ligero, más cercano a la libertad verdadera, que un alma que ha aprendido —no de golpe, sino a través de cicatrices, lágrimas y silencios largos— a soltar lo que nunca le perteneció: **culpas prestadas, resentimientos enquistados, heridas que se habían convertido en raíces en su pecho.**

Perdonar —a otros, sí, pero sobre todo a mí mismo— fue como abrir, con manos temblorosas pero decididas, la puerta de una jaula que yo mismo había construido con los ladrillos del orgullo, el miedo y la exigencia; una jaula cuyos barrotes no eran de hierro, sino de pensamientos repetidos, de noches en vela, de miradas evitadas en el espejo.

Y lo más hermoso —lo más sagrado, quizás— no fue solo el aire que entró al salir, sino el modo en que ese aire comenzó a transformar cada rincón de mi existencia: respiré, sí, con más quietud, con menos peso en el diafragma, pero también empecé a caminar, a reír, a soñar, a amar... **con una libertad que había olvidado que era posible.**

Los cambios no llegaron con estruendo ni con fanfarrias, sino en susurros, como la primavera que avanza sin anunciar su llegada: ya no reaccionaba con fuego ante las chispas que antes incendiaban mi paciencia; ya no me costaba sostener mi propia mirada en el espejo, porque dejé de ver en él a un enemigo, a un fracaso, y empecé a reconocer — con asombro — a un sobreviviente, a alguien que merecía compasión, no castigo.

El nudo en la garganta, ese compañero fiel de tantos recuerdos amargos, se disolvió poco a poco, como sal en agua dulce, hasta que pensar en mi pasado dejó de ser una herida abierta y se convirtió en un testimonio: **no de lo que me rompió, sino de lo que me reconstruyó.**

Y en medio de todo, surgió algo que no esperaba: paz. No la paz de las cosas resueltas, de los capítulos cerrados o de la vida perfecta —esa no existe—, sino una paz más profunda, más arraigada: **la paz de**

> *No hay jaula más pesada que la que construimos con nuestras 'deberías' —y no hay llave más poderosa que la ternura con la que decidimos soltarnos.*

quien ya no está en guerra consigo mismo. La paz de saber que no tengo que ganarme el derecho a existir, ni a ser amado, una paz que sobrepasa todo entendimiento.

La paz de habitar mi propia piel sin culpa, sin urgencia, sin exigencia. *La paz que nace cuando dejas de luchar contra tu historia... y empiezas a caminar con ella,* como con una vieja amiga que ya no te destruye, sino que te enseña.

> *Y la paz de Dios, que sobrepasa todo entendimiento, guardará sus corazones y sus pensamientos en Cristo Jesús.*
> *— Filipenses 4:7*

Lo sorprendente fue que la gente comenzó a notarlo. Me decían:

— *Te ves más tranquilo.*

— *Se nota que algo cambió en ti.*

— *Tu forma de hablar es diferente.*

Y sí, era diferente. Porque cuando el alma sana, la voz cambia, el rostro cambia, los pasos cambian.

Ya no necesitaba demostrar nada. Ya no buscaba la aprobación de todos, ni cargaba la presión de que me entendieran o

> *El perdón no solo me liberó del pasado... también me abrió una puerta a mi futuro, un futuro diferente.*

me aplaudieran. Solo quería seguir avanzando, más ligero, más consciente, más libre.

> *Olvidando ciertamente lo que queda atrás, y extendiéndome a lo que está delante, prosigo a la meta, al premio del supremo llamamiento de Dios en Cristo Jesús.*
> *— Filipenses 3:13-14*

Ya no reaccionaba desde el dolor, sino que respondía desde la sanidad. Ya no trataba de esconder mis heridas, sino de mostrarlas como cicatrices que podrían inspirar a otros. Descubrí que lo que alguna vez me rompió... hoy podía ser testimonio de que Dios sí sana.

> *Perdonarte no es olvidar lo que te hicieron, ni justificar lo que te rompió; es devolverte el derecho a respirar, a existir, a ser amado... sin condiciones.*

El perdón se convirtió en mi escudo, mi escalera y mi medicina. Y entendí que no fue un evento aislado, sino un proceso constante. No algo que pasó una vez, sino una decisión que repito cada día.

> *Soportándoos unos a otros en amor; procurando mantener la unidad del Espíritu en el vínculo de la paz.*
> *— Efesios 4:2-3*

Perdonar no es una emoción que aparece de repente, es una elección diaria. Y esa elección me devolvió lo que había perdido: mi gozo, mi propósito y mi libertad.

REFLEXIONA:

El perdón no solo abre puertas —las construye donde el rencor solo levantó muros. No es un gesto de debilidad, ni una traición a tu dolor, sino un acto de valentía íntima: *la decisión de dejar de alimentar lo que ya no merece vivir dentro de ti*. Sanar no significa borrar lo que te dolió, ni fingir que no te marcaron, ni te hicieron daño; significa que has aprendido a llevar tus heridas sin que ellas te arrastren, a nombrarlas sin que te definan, a honrarlas sin que te frenen.

> *Tu historia rota, bien sanada, se convierte en mapa para otros perdidos.*

El perdón es la llave silenciosa que no solo te libera del pasado, sino que te devuelve el futuro —no como un lugar lejano, sino como un espacio habitable, respirable, posible. Y lo más sagrado de todo: cuando tu historia deja de ser una carga, se convierte en un testimonio; cuando tu quebranto deja de ser vergüenza, se transforma en esperanza —no solo para ti, sino para quienes, como tú, aún caminan en la sombra, buscando una luz que les diga: *"Si tú sanaste, yo también puedo"*.

Perdonar no es olvidar —es dejar de permitir que lo que te lastimó siga gobernando tu presente.

MEDITA:

1. ¿Qué cambios podrías experimentar si eligieras soltar lo que aún te ata?

2. ¿En qué áreas de tu vida aún reaccionas desde el dolor y no desde la sanidad?

3. ¿Qué testimonio podrías compartir con otros de cómo el perdón transformó tu vida?

4. ¿Has notado cómo tu paz interior impacta la forma en que los demás te perciben?

5. ¿Qué pasos diarios puedes dar para hacer del perdón un estilo de vida?

ESCRIBE:

A mi yo libre —el que hoy camina sin arrastrar lo que ya no le pertenece—

Por mucho tiempo te observé en silencio, cargando cadenas que tú mismo forjaste con los martillos del "debería", del "no fui suficiente", del "si hubiera hecho esto o aquello". Te vi encorvado bajo el peso de culpas que no eran tuyas, arrastrando sombras que creías parte de ti. Pero hoy... hoy celebro. Celebro cada eslabón roto, cada suspiro que ya no duele, cada paso que das sin mirar atrás con temor. Celebro que elegiste —con valentía, con lágrimas, con fe— soltar lo que te asfixiaba, y abrazar, en su lugar, la paz que Cristo te regaló en la cruz: no como un premio lejano, sino como un hogar presente.

Te abrazo —con todo el cariño que se guarda para los renacidos— en esta nueva estación de tu vida, donde el aire es más claro, el corazón más ligero, y el alma, por fin, se siente en casa. Y en este abrazo, te recuerdo algo sagrado: la libertad no es un evento, es un camino; no es un regalo que se recibe una vez, sino una gracia que se cultiva cada mañana con la decisión de perdonar —a otros, sí, pero sobre todo a ti mismo—, de soltar, de confiar, de creer que ya no hay condenación para quienes caminan en Cristo.

Sigue caminando. No con prisa, sino con paz. No con miedo, sino con memoria: tú ya no eres quien cargaba cadenas. Eres quien las dejó caer. Eres hijo amado. Eres libre —verdadera, profundamente, eternamente libre— en Cristo.

Cada paso tuyo es un acto de gracia. Camina en paz —no porque todo esté perfecto, sino porque en Cristo, ya eres libre. Y eso... eso lo cambia todo.

DECIDE:

ORACIÓN:

Señor, gracias porque en Ti encontré la libertad que tanto necesitaba. Gracias porque tu paz me sostiene y tu amor me hace nuevo. Enséñame a vivir cada día como alguien libre, sin cadenas de culpa ni rencor. Que mi vida sea un testimonio de que el perdón transforma, sana y libera. Hoy recibo tu gozo y camino confiado en la libertad que solo Tú puedes dar. Amén.

CAPÍTULO 8

El perdón como estilo de vida

Soportándoos con paciencia unos a otros, y perdonándoos unos a otros si alguno tiene queja contra otro. Así como el Señor los perdonó, perdonen también ustedes.
— Colosenses 3:13

Por mucho tiempo pensé que el perdón era algo que se hacía una sola vez. Imaginaba que era una gran decisión, un acto valiente, y que después de ese momento todo quedaba resuelto. Pero descubrí que no es así.

Es cierto, hubo días claves en los que tuve que soltar cargas muy pesadas, recuerdos que me habían acompañado durante años. Esos momentos marcaron

> *El perdón no es un evento aislado, es un camino continuo, un estilo de vida.*

un antes y un después en mi historia. Pero con el tiempo comprendí que el perdón no termina ahí. Cada nuevo día trae consigo pequeñas heridas, roces, palabras mal interpretadas, actitudes que duelen. Y en cada una de esas situaciones tengo que decidir otra vez: *¿voy a retener la ofensa, o voy a soltarla?*

El perdón se convierte entonces en un hábito, en una práctica diaria que purifica el corazón. Es como limpiar una herida antes de que se infecte. No siempre es fácil, **pero es necesario,** porque cada día mi vida me reta a confirmar si el perdón es realmente parte de lo que soy... o si solo fue un recuerdo lejano de algo que alguna vez hice.

> *Cada vez que eliges perdonar, le quitas peso a tu alma y das un paso más hacia la verdadera libertad.*

Perdonar no es olvidar lo que pasó, sino recordar sin resentimiento. No es una emoción que llega de repente, sino una elección consciente que repito una y otra vez. *El perdón no me hace débil, me hace libre. Y vivir en perdón no es algo que hago una sola vez, es el camino que elijo recorrer todos los días.*

— *Cuando alguien dice algo que me hiere, vuelvo a elegir perdonar.*

— *Cuando un recuerdo incómodo regresa sin aviso, decido soltarlo otra vez.*

— *Cuando una vieja culpa intenta tocar a mi puerta, escojo no recibirla.*

Ahí, en mi diario vivir, es donde se pone a prueba mi libertad: cuando decido, una y otra vez, no mirar atrás, no endurecer mi corazón y no darle espacio al rencor. La verdadera sanidad no se mide en un gran momento del pasado, sino en las pequeñas elecciones del presente.

> *Quítense de ustedes toda amargura, enojo, ira, gritos, insultos y toda malicia. Más bien, sean bondadosos y compasivos unos con otros, y perdónense mutuamente, así como Dios los perdonó en Cristo.*
> *— Efesios 4:31-32*

Perdonar no significa que el dolor nunca existió, sino que ya no tiene poder sobre mí. **El recuerdo puede volver, pero la herida ya no sangra.** En esos momentos, necesito repetirme palabras que me recuerden quién soy ahora:

— *Ya no vives desde el rencor.*

— *Tú ya no eres ese de antes.*

— *Dios ya te perdonó. No vuelvas a atarte.*

Cada vez que lo hago, elijo caminar más ligero, más libre y más consciente de que el perdón no es olvidar, es libertad en acción.

> *Mirad bien, no sea que alguno deje de alcanzar la gracia de Dios; que brotando alguna raíz de amargura, os estorbe, y por ella muchos sean contaminados.*
> *— Hebreos 12:15*

Por eso aprendí a perdonar más rápido, aun cuando nadie me pidiera perdón. Elijo, soltar antes de que el veneno del resentimiento intente inundar mi corazón. No lo hago porque el otro lo merezca, sino porque lo necesito y merezco la libertad emocional, merezco vivir tranquilo y en paz.

> *Perdonar no cambia lo que pasó, pero transforma para siempre lo que pasa dentro de ti.*

Hoy camino más ligero. Vivo en paz conmigo mismo, con los demás y con Dios. Y cuando alguien me pregunta:

— *¿Cómo hiciste para cambiar tanto?*

Respondo con sencillez y verdad: **Perdoné. Me perdoné. Y sigo perdonando.**

Eso es libertad. Eso es sanidad. Eso... es vivir con propósito.

REFLEXIONA:

El perdón no es un destino al que se llega de una vez y para siempre; es un camino que se recorre día tras día. Implica soltar lo que pesa, elegir amar aun cuando duele, y preferir la paz antes que el rencor.

Cada decisión de perdonar es un recordatorio de que fuiste creado para vivir sin cadenas.

Cada ofensa puede convertirse en una encrucijada: o me aferro al resentimiento que me encadena y me lastima, o decido liberar mi corazón para seguir avanzando. El perdón no cambia lo que pasó, pero cambia la manera en que lo llevas dentro.

Cuando el perdón se convierte en tu estilo de vida, tu corazón deja de ser un campo de batalla y se transforma en un lugar habitable para la gracia de Dios. Ahí, en ese espacio de libertad interior, la vida florece, la esperanza renace y descubres que nada ni nadie puede robarte la paz que viene de Él, porque sobrepasa todo entendimiento.

El perdón no es el final de la historia, es el comienzo de una vida nueva.

MEDITA:

1. ¿Qué pequeñas ofensas sigues acumulando en tu corazón día tras día?

2. ¿Has notado cómo los recuerdos del pasado regresan para probar si realmente has perdonado?

3. ¿Qué frases necesitas repetir, para recordar que ya no eres esclavo del rencor?

4. ¿Cómo puedes aplicar el perdón de forma práctica en tus relaciones hoy mismo?

5. ¿Estás dispuesto a perdonar incluso cuando no recibas una disculpa?

ESCRIBE:

Al perdón de cada día:

Hoy comprendo que no eres un acto aislado ni una decisión lejana, sino un compañero constante de mi andar. Estás presente en lo grande y en lo pequeño, en las ofensas profundas y en los roces cotidianos. Gracias por recordarme que soltar no me debilita, sino que me fortalece; que rendir mi orgullo no me quita valor, sino que me devuelve la paz.

Cada vez que elijo perdonar, elijo vida. — Elijo la paz. — Elijo libertad.

Porque contigo mi alma no se desgasta en rencores, ni mi corazón se envenena con recuerdos que ya no pueden cambiar.

Hoy te abrazo como hábito, como parte de quien soy, porque sin ti volvería a encadenarme al dolor que Dios ya me invitó a soltar. Tú eres mi recordatorio diario de que la gracia es más fuerte que la herida, y que siempre hay un camino de libertad.

DECIDE:

ORACIÓN:

Señor, gracias porque me enseñaste que el perdón no es una opción ocasional, sino un estilo de vida. Líbrame de la amargura, del rencor y del orgullo. Ayúdame a perdonar con rapidez, a soltar con valentía y a vivir en paz con todos, así como Tú me perdonaste primero. Que mi vida refleje tu gracia cada día. Amén.

CAPÍTULO 9

Dios restaura lo que permites que Él sane

Y os restituiré los años que comió la oruga, el saltón, el revoltón y la langosta... y comeréis hasta saciaros, y alabaréis el nombre de Jehová vuestro Dios, el cual hizo maravillas con vosotros.
— Joel 2:25-26

El perdón abrió la puerta... pero fue Dios quien entró a restaurar cada rincón de mi ser. Siempre estuvo ahí. Esperando pacientemente. Observando con amor. No con juicio, sino con comprensión. No con reproche, sino con ternura infinita.

Dios nunca fuerza la entrada. Él respeta tu libertad, y por eso no puede sanar lo que no le entregamos. Durante años me aferré a mi dolor. Lo convertí en parte de mi identidad, creyendo que mi sufrimiento definía mi historia.

Creí que, si lo mantenía cerca, sería más honesto conmigo mismo. En realidad, me estaba vaciando de vida. Un día, vencido por la fatiga de cargar heridas, respiré hondo y le dije con voz temblorosa:

— *Señor, entra donde nadie más ha entrado. Sana lo que ni siquiera yo comprendo. Haz en mí lo que solo Tú puedes hacer.*

Él entró. No con ruido ni estruendo, sino con la paciencia de quien conoce el alma humana: restauró lo roto con delicadeza y poder. Lo hizo en lo secreto, en lo íntimo, en lo profundo —donde las palabras no alcanzaban— y allí la sanidad comenzó a brotar.

> *Cada decisión de perdonar es un recordatorio de que fuiste creado para vivir sin cadenas.*

Comprendí entonces que la verdadera restauración no es un espectáculo; es una obra silenciosa que devuelve lo perdido y rellena los años vacíos con esperanza, paz y plenitud. Es la promesa cumplida: años devueltos, hambre saciada, alabanza en el corazón.

El que habita al abrigo del Altísimo morará bajo la sombra del Omnipotente.
— Salmo 91:1

Dios comenzó restaurando mi identidad. Poco a poco, me quitó los nombres que yo mismo me había impuesto:

— ***Culpable***

— ***Defectuoso***

— ***Irrecuperable***

Y me recordó quién era realmente:

— **_Perdonado_**

— **_Amado_**

— **_Hijo_**

Sanar fue, al final, aprender a creer en esa nueva etiqueta y vivir desde ella. No se trató de olvidar lo ocurrido, sino de permitir que la verdad divina reescribiera mi historia. Cuando la gracia entra en lo más íntimo, los años que fueron consumidos por la oruga vuelven —no idénticos, pero restaurados— y el alma se sienta a la mesa, satisfecha, cantando por las maravillas de Dios.

> *El perdón abre la puerta, pero solo la entrega a Dios permite que la restauración sea completa y duradera.*

Después, restauró mi corazón. Me devolvió la capacidad de confiar de nuevo, de amar sin miedo, de ser vulnerable sin sentirme débil.

Aprendí que la sensibilidad no es fragilidad, sino la señal de alguien que ha sido sanado, de alguien que ha dejado que Dios reconstruya cada rincón del alma.

> *Les daré un corazón nuevo y pondré un espíritu nuevo dentro de ustedes. Les quitaré ese terco corazón de piedra y les daré un corazón tierno y receptivo.*
> *— Ezequiel 36:26*

Y lo más hermoso: ***Dios restauró mi propósito.*** Me mostró que nada de lo que viví fue en vano, que incluso las partes más oscuras de mi historia podían convertirse en luz para otros, en lecciones que alumbran los caminos.

Dios no solo sana... Él reconstruye mejor. Toma los pedazos rotos y los transforma en algo más fuerte, más firme, más auténtico. Yo soy testimonio de ello. No porque hoy sea perfecto, sino porque conozco lo que es estar quebrantado... y también sé lo que es ser restaurado por las manos del Creador.

> *El que comenzó en vosotros la buena obra,*
> *la perfeccionará hasta el día de Jesucristo.*
> *— Filipenses 1:6*

> *Cada herida entregada a Dios puede convertirse en luz que guía y en testimonio que inspira.*

Cuando permití que Dios sanara lo que por años escondí, descubrí algo glorioso: ***Su amor no conoce fronteras y Su gracia nunca se agota.***

Aprendí que rendirse a Él no es perder, sino entrar en un proceso donde cada fragmento de dolor se convierte en parte de un diseño más grande, más eterno.

Con Él, nada se desperdicia, traza un plan más grande que mi culpa, más bello que mis miedos, más eterno que mis pérdidas.

REFLEXIONA:

La verdadera restauración no comienza cuando intentamos borrar el pasado, sino cuando lo entregamos a Dios para que Él lo redima.

Él no solo sana las heridas del corazón, sino que les da un propósito eterno. Cuando el dolor está puesto en sus manos, deja de ser una carga y se convierte en testimonio. Cuando las ruinas de nuestra vida son consagradas a Él, no quedan como recordatorios del fracaso, sino que se transforman en cimientos sólidos para una nueva obra: *vida sobre piedras rotas, esperanza nacida de la desesperanza.*

Dios no necesita que olvidemos para sanarnos; Necesita que confiemos. Porque donde hay entrega, hay transformación. Y donde hay perdón —tanto recibido como ofrecido—, hay espacio para que resurja lo nuevo. *Así es como el Señor hace nuevas todas las cosas (Apocalipsis 21:5): no eliminando el pasado, sino redimiéndolo, dándole sentido, y levantando sobre él un altar de gracia y victoria.*

Perdonar, entonces, no es negar el daño, sino abrirle la puerta a Dios para que haga de nuestras heridas un instrumento de liberación propia y ajena.

El perdón libera, redime y conquista: una victoria que Dios otorga a quienes lo practican.

MEDITA:

1. ¿Qué áreas de tu vida aún no has entregado a Dios para que Él sane?

2. ¿Qué nombres o etiquetas negativas te has puesto a ti mismo que Dios quiere cambiar?

3. ¿Puedes reconocer momentos en que Dios ya comenzó a restaurar tu corazón y propósito?

4. ¿Qué significa para ti permitir que Dios reconstruya lo que parecía perdido?

5. ¿Cómo podrías compartir tu proceso de restauración para animar a otros?

ESCRIBE:

A mi corazón restaurado:

Hoy te celebro en libertad. Ya no cargas las cadenas del ayer ni dejas que el peso del pasado marque tu presente. El dolor que un día parecía tu identidad, ya no dicta tu destino. La culpa dejó de ser tu voz, porque ahora escuchas la verdad que viene de lo alto.

Dios encendió su luz en los rincones más oscuros de tu alma. Donde antes había vacío, ahora hay plenitud; donde había silencio, ahora hay paz; donde había heridas, hoy brota vida nueva.

Eres testimonio vivo de que lo perdido puede ser hallado, de que lo roto puede ser sanado, de que lo marchito puede florecer otra vez. Eres prueba de que, en las manos de Dios, nada se desperdicia: todo se transforma en algo más fuerte, más hermoso, más íntegro.

Nunca olvides quién eres y de dónde fuiste rescatado. Tu historia, rendida a Él, se vuelve faro que ilumina a otros y esperanza que inspira a muchos.

Con gratitud y ternura, Yo.

DECIDE:

_____
_____
_____
_____
_____
_____
_____
_____
_____
_____
_____
_____
_____
_____
_____

ORACIÓN:

Señor, gracias porque tu amor me alcanzó en lo más profundo de mi quebranto. Gracias porque quitaste mis cargas, sanaste mis heridas y me devolviste identidad, paz y propósito. Hoy elijo entregarte cada rincón de mi vida, aun lo que no entiendo. Haz de mí un testimonio de tu restauración. Que lo que un día fue dolor, hoy sea un reflejo de tu gracia. Amén.

CAPÍTULO 10
TE PERDONO... Y ME LIBERO

> *Antes sed benignos unos con otros, misericordiosos, perdonándoos unos a otros, como Dios también os perdonó en Cristo.*
> *— Efesios 4:32*

Llegar hasta aquí ha sido un viaje profundo. Cada lágrima derramada, cada silencio que me enfrentó a mi alma, cada oración hecha con el corazón temblando… todo me ha traído hasta este instante. Hoy puedo decir, con toda la fuerza de mi ser: ***te perdono***.

No lo digo desde la resignación ni desde la apariencia de haber superado. Lo digo desde la libertad que solo Dios puede dar: **una libertad que rompe cadenas, que derriba barrotes, que transforma el dolor en luz.**

Te perdono…

- *— No porque lo que hiciste no dolió.*
- *— No porque lo haya olvidado.*
- *— No porque no dejó cicatrices.*

Te perdono porque ya no quiero vivir atado a eso. Porque comprendí que el rencor no es justicia, es cárcel. Y yo no estoy dispuesto a seguir preso en un lugar cuyo candado se sostiene con mis propias manos.

> *De cierto, de cierto os digo: todo aquel que hace pecado, esclavo es del pecado; así que, si el Hijo os libertare, seréis verdaderamente libres.*
> *— Juan 8:34-36*

— **Te perdono, incluso si nunca pediste perdón.**

— **Te perdono, aunque jamás lo reconozcas.**

— **Te perdono, porque mi corazón merece paz.**

Te perdono...

— ***Por las veces que fallé,*** por las decisiones tomadas desde el miedo, desde la ira, desde la culpa.

— ***Por las palabras que callé*** y las que pronuncié con dureza.

— ***Por cargar culpas que no eran mías,*** por no haber sanado antes, por ser duro conmigo cuando Dios siempre quiso abrazarme.

> *Olvidando ciertamente lo que queda atrás, y extendiéndome a lo que está delante, prosigo a la meta, al premio del supremo*

> *llamamiento de Dios en Cristo Jesús.*
> *— Filipenses 3:13-14*

Hoy cierro este capítulo de mi vida con gratitud y reverencia. No porque todo lo vivido haya sido dulce, sino porque incluso en la oscuridad más profunda, Dios tejió luz. Cada experiencia, cada herida, cada caída... me condujo a este momento: **a la libertad.**

Este libro no es solo mi historia. También puede ser la tuya. Si estás leyendo estas líneas, quiero que sientas con cada fibra de tu ser:

Tú también puedes perdonar.

Tú también puedes sanar.

Tú también puedes ser libre.

No permitas que el pasado dicte tu futuro. Dios no ha terminado contigo. Tu alma merece descansar, tu corazón merece volar.

> *Así que, si el Hijo os libertare, seréis verdaderamente libres.*
> *— Juan 8:36*

Hoy es el día.
Suéltalo. Dilo. Créelo:
Te perdono... y me libero.

REFLEXIONA:

El perdón no borra el pasado, pero transforma la manera en que lo llevamos en el corazón. Aquello que antes era una herida abierta se convierte en cicatriz que recuerda no el dolor, sino la fidelidad de Dios en medio de la prueba.

Cuando eliges perdonar, no estás justificando lo que sucedió, ni negando lo que dolió. Estás decidiendo no permitir que el rencor escriba tu historia. Porque el perdón no es olvido, es libertad; no es debilidad, es valentía; no es un regalo para el otro, es un regalo para ti.

Y en ese acto de soltar, algo ocurre en lo más profundo: el alma respira, el corazón se ensancha, y la paz de Dios ocupa el lugar donde antes habitaba la amargura.

El perdón abre caminos donde antes solo había muros, tiende un puente entre lo humano y lo divino, y nos conduce al terreno de la verdadera libertad.

MEDITA:

1. ¿Qué cadenas emocionales aún cargas que Dios quiere romper hoy?

2. ¿Hay alguien a quien todavía guardas rencor en tu corazón?

3. ¿Has aprendido a perdonarte con la misma gracia que Dios te ha dado?

4. ¿Qué significa para ti vivir cada día desde la libertad del perdón?

5. ¿Cómo puedes ser un testimonio de perdón en tu familia, tu iglesia o tu comunidad?

ESCRIBE:

Querido corazón:

Hoy decides soltar lo que por tanto tiempo te ató. Hoy dejas ir aquello que robaba tu paz y entiendes que perdonar no es rendirse, es levantarse con más fuerza y caminar más ligero.

Te abrazo con compasión, porque aprendiste a mirarte con ternura; y con gratitud, porque elegiste la libertad que solo Dios puede dar.

Recuerda siempre: lo que un día fue herida ahora es testimonio; lo que parecía derrota se transformó en victoria.

Porque en las manos del Padre, nada se desperdicia: cada lágrima puede regar nueva vida, cada cicatriz puede brillar como señal de esperanza, cada dolor puede renacer en plenitud.

DECIDE:

ORACIÓN:

Señor amado, gracias porque me enseñaste que el perdón es el camino a la libertad. Hoy elijo soltar el rencor, la culpa y el dolor que me mantenían atado. Te entrego mis heridas para que las conviertas en testimonio. Enséñame a perdonar como Tú me has perdonado, y a caminar cada día en la plenitud de tu gracia. Declaro que soy libre en Ti, en el nombre de Jesús. Amén.

EPÍLOGO

*Lo que mi corazón
quiere decirte*

Querido lector,

Hoy quiero hablarte como se habla al corazón, sin formalidades ni barreras, porque lo que deseo es que sientas estas palabras como un abrazo. Cada página que has recorrido junto a mí no es solo un relato, es un pedazo de mi vida que comparto contigo, con la esperanza de que te inspire, te consuele y te impulse a mirar tu propia historia con otros ojos.

Sé que algunos capítulos pudieron tocar lugares sensibles de tu alma: momentos de dolor, recuerdos difíciles, heridas que parecen imposibles de sanar. Y, sin embargo, también sé que en medio de esas sombras hay luz. **Dios restaura lo que permitimos que Él sane,** y el perdón —a nosotros mismos y a los demás— nos libera de cargas que jamás imaginamos que podíamos soltar.

Quiero que recuerdes que no estás solo en tu camino. Cada lágrima, cada tropiezo, cada temor tiene un propósito cuando lo ponemos en manos de Dios. *Lo que parecía destruido puede renacer más* *fuerte; lo que parecía perdido puede convertirse en esperanza; lo que parecía un final puede ser el inicio de algo maravilloso.*

Gracias por permitir que estas palabras entren en tu vida. Gracias por abrir tu corazón y caminar conmigo. Mi oración es que, después de leer este libro, puedas mirar hacia tu pasado con compasión, hacia tu presente con gratitud y hacia tu futuro con fe. Que el amor y la libertad sean tu guía, y que nunca olvides: **incluso en los días más oscuros, hay un corazón que cree en ti y en la restauración que Dios quiere para tu vida.**

Con cariño,
Norberto Cruz

TE PERDONO

El perdón no solo cambia tu historia, cambia tu alma.

Te Perdono es más que un libro: *_es un espejo del alma._* Habla de las batallas silenciosas que libramos contra nosotros mismos, de esas culpas que se ocultan detrás de una sonrisa y de las heridas que el tiempo no borró. A lo largo de sus páginas, descubrirás que el perdón no es un lujo ni una meta inalcanzable, sino una necesidad vital para vivir en plenitud.

El viaje comienza con una confesión honesta: _reconocer el cansancio del alma rota._ Desde allí, cada capítulo se convierte en un puente entre el dolor y la esperanza, entre la culpa y la gracia. Con un lenguaje cercano, reflexiones profundas, el autor nos lleva de la mano por un camino donde las lágrimas no son derrota, sino limpieza; donde el punto de quiebre no es el final, sino el inicio de una nueva construcción.

Este libro te recordará que perdonarte no significa negar lo que viviste, sino abrazar la verdad de que Dios ya te perdonó primero. Al cerrar estas páginas, quizá no hayas cambiado tu historia, pero sí la forma de mirarla. Y cuando te atrevas a decir frente al espejo "Te perdono", descubrirás que el milagro más grande no está en lo que otros hacen, sino en lo que Dios hace en ti.

Norberto Cruz, líder espiritual y conferencista cristiano que ha dedicado su vida al servicio ministerial, la enseñanza bíblica y la formación de comunidades de fe. Desde el 2019 desempeña su trabajo como pastor principal y fundador de La Church Ministries en Tucson, Arizona, donde reside junto a su esposa, Samahanta Cruz, y sus hijas.

Además de su labor pastoral, ha trabajado como productor ejecutivo en Nosa Media y NS Media Group, lo que le ha permitido integrar medios digitales en su estrategia de comunicación y enseñanza.

Made in the USA
Coppell, TX
20 December 2025

65268416R00059